SOCIÉTÉ DE SAINT-VINCENT DE PAUL

CONFÉRENCE

DE

SAINTE-MARIE-MADELEINE A LILLE

FÊTE DU JUBILÉ

DE

M. F. CHON

LILLE
IMPRIMERIE LEFEBVRE-DUCROCQ

1893

L.n. 27/7
41767

SOCIÉTÉ DE SAINT-VINCENT DE PAUL

CONFÉRENCE
DE
SAINTE-MARIE-MADELEINE, A LILLE

FÊTE DU JUBILÉ
DE
M. F. CHON

SOCIÉTÉ DE SAINT-VINCENT DE PAUL

CONFÉRENCE
DE
SAINTE-MARIE-MADELEINE, A LILLE

FÊTE DU JUBILÉ
DE
M. F. CHON

La journée du dimanche 19 mars 1893 a été, pour la Conférence de Sainte-Marie-Madeleine, à Lille, l'occasion d'une véritable fête de famille. Elle célébrait les noces d'or de son sympathique confrère et ancien président, M. Chon.

La Conférence de Saint-Maurice, que le dévoué jubilaire avait présidée également, alors que les deux paroisses ne formaient qu'une conférence, avait été conviée à cette réunion fraternelle. Son président, M. Hugot, un certain nombre de ses membres, ainsi que plusieurs amis personnels de M. Chon, avaient répondu à l'invitation.

A sept heures, une messe, célébrée par M. le Doyen et à laquelle la plupart des membres firent la sainte communion, réunissait au pied du maître autel, à l'église paroissiale, le digne jubilaire entouré de ses confrères et amis.

A l'issue de la messe, après un déjeuner pris en commun au local du Cercle catholique, rue de Thionville, les deux conférences se sont réunies dans la grande salle des fêtes.

M. l'abbé Fremaux, doyen de la paroisse, présidait, assisté de M. Maurice Bernard, président de la conférence de Sainte-Marie-Madeleine, et de M. Hugot, président de la conférence de Saint-Maurice.

Après la prière et la lecture faite dans le manuel, M. le président de la conférence de Sainte-Marie-Madeleine prend la parole en ces termes :

MONSIEUR LE DOYEN,
MES CHERS CONFRÈRES,

C'est avec des sentiments de joie et de piété filiale qu'une famille se réunit autour de vénérables parents qui ont le rare privilège de célébrer, entourés d'une couronne d'enfants et de petits-enfants, leurs noces d'or.

Mais la charité, qui dilate les cœurs, ne se contente pas d'un domaine restreint, et la conférence constitue pour nous une seconde famille où nous aimons à venir chaque dimanche nous entretenir de nos pauvres et surtout resserrer, par l'édification mutuelle, nos liens d'affectueuse confraternité.

C'est donc aussi un bonheur de famille que d'avoir à fêter le jubilé d'un membre uni aux conférences de Lille depuis plus de cinquante ans.

Quand ce vénérable jubilaire est M. Chon, qui a présidé

notre conférence de la Madeleine depuis sa fondation, nous ne pouvons pas oublier qu'il a initié et dirigé la plupart d'entre nous dans les voies de la charité par ses conseils ; notre joie peut ainsi se doubler d'un sentiment de reconnaissance pour ainsi dire filiale, et c'est au nom de tous que je puis le remercier des exemples que nous avons reçus.

C'est bien certainement la Société de Saint-Vincent de Paul qui peut se réjouir d'avoir le mieux connu M. Chon et c'est elle qui a reçu la meilleure part de ses dons.

Tout Lille a connu et aimé, depuis bientôt 60 années, le docte et intéressant professeur de littérature et d'histoire et le charmant écrivain ; mais seuls nous avons possédé le confrère de Saint-Vincent de Paul, qui se donnait peut-être à nous d'autant plus volontiers que, dans d'autres milieux, il était astreint à plus de réserve par les obligations de sa vie officielle.

Notre règlement, écrit à l'origine de la Société de Saint-Vincent de Paul, rappelle que notre premier devoir est de nous donner tout d'abord à nos confrères et que la pratique de la charité envers les pauvres n'est qu'un moyen de faire notre propre salut et d'apporter à la conférence l'édification de l'exemple.

Certes, nos aînés de la première conférence de Lille avaient déjà pu apprécier le zèle et toutes les qualités de M. Chon, quand ils eurent l'heureuse inspiration de le donner comme président, en 1851, à la conférence qui réunissait les membres de Saint-Maurice et de la Madeleine ; et c'est en souvenir de cette union féconde pour le bien que nos confrères de Saint-Maurice ont bien voulu se joindre à nous aujourd'hui pour renouer les traditions et fêter le jubilé de leur ancien Président. Qu'ils en soient remerciés.

En 1858, les conférences ont été subdivisées ; chaque paroisse a eu la sienne ; et nous avons ainsi vécu et prospéré à Sainte-Marie-Madeleine sous la même présidence depuis près de quarante années.

Auprès de notre cher président on rencontrait en effet une bonté toujours prête pour les pauvres, en qui il voyait par sa foi les privilégiés de Jésus-Christ, et une aménité pleine de charmes pour tous les membres de la conférence, dont il savait se faire aider, en conservant néanmoins pour lui le plus grand nombre de familles à visiter, ainsi que les démarches les plus difficiles.

La présidence n'a été pour notre cher et vénéré confrère que l'occasion de prodiguer à nous comme à ses pauvres, pendant une période d'années d'une durée exceptionnelle, l'exemple et les trésors des vertus les plus recommandées par notre règlement.

Ce qu'il a toujours été, les plus jeunes d'entre nous peuvent aisément encore le comprendre en le voyant, après sa quatre-vingtième année révolue, toujours assidu à nos séances, toujours affable, toujours prêt à visiter des familles et à continuer son précieux concours pour les quêtes auprès des bienfaiteurs de nos œuvres.

Qu'il ne soit donc pas surpris de se voir entouré aujourd'hui non-seulement de tous les membres actifs et honoraires de notre conférence mais aussi de plusieurs anciens membres, venus de loin et que je remercie bien cordialement de ce témoignage de leur fidèle et affectueux souvenir.

Que M. Chon veuille bien me pardonner d'avoir mis à l'épreuve sa modestie bien connue en le louant devant vous ; mais nous sommes encore tous à regretter vivement la résolution qu'il prit, il y a quelques années, de se retirer, résolution motivée, hélas ! par de douloureuses épreuves de famille. Ce sera pour nous une consolation — longue, je l'espère, — de le conserver lui, ses conseils et ses exemples et de continuer tous — moi, le premier — à nous en inspirer pour la prospérité de la conférence qu'il a fondée et si longtemps présidée.

Nous avons tout à l'heure prié pour lui de tout notre cœur en commençant cette fête au pied des autels ; nous nous recommanderons maintenant à ses prières, afin que Dieu, exauçant nos vœux, lui suscite dans les conférences des imitateurs qui puissent, pendant cinquante années et plus, édifier ainsi leurs confrères ; et, comme souvenir de ce fait mémorable, nous avons voulu qu'une modeste statue de notre saint Patron, avec deux dates, 1840 et 1893, fût, dans la demeure de M. Chon, le témoignage durable de cette longue persévérance de dévouement à la Société de Saint-Vincent de Paul dans laquelle notre vénéré jubilaire a déversé son cœur, son amour du prochain et sa foi.

Monsieur Hugot, président de la conférence de Saint-Maurice, offre à son tour ses hommages et ses remerciements à M. Chon. Il s'exprime ainsi :

Monsieur, cher ancien Président,

La conférence de Saint-Maurice a été bien heureuse de recevoir la gracieuse invitation, qui lui a été faite par M. Maurice Bernard, de s'unir à la conférence de Sainte-Marie-Madeleine pour fêter votre jubilé de Membre et Président de Saint-Vincent de Paul. Elle sait et elle apprécie tout ce que vous avez fait pour notre Société pendant ce long espace de plus de 5o ans ; elle l'apprécie mieux qu'aucune autre conférence, puisque des liens de parenté la rapprochent de celle de Sainte-Marie-Madeleine.

En effet, Messieurs, et beaucoup de nos confrères l'apprendront avec plaisir, nous venons de la même famille. Les deux paroisses de Sainte-Marie-Madeleine et Saint-Maurice n'ont formé, pendant bien longtemps, de 1851 à 1858, qu'une seule et même conférence, présidée par M. Chon, que nous sommes si heureux de fêter aujourd'hui.

Je n'ai pas à vous signaler les réunions pleines de vie et de charité chrétienne, qui ont toujours charmé nos anciens confrères et qu'un vétéran (M. Templus) de ce temps déjà bien reculé pourrait vous raconter ; l'historique qui va vous être exposé vous montrera, mieux que je ne saurais le dire, tout ce qui a été fait à cette époque.

Vous voyez, mes chers Confrères, que nous avons eu le même président ou le même père et que nous avions bien raison de nous unir dans une commune prière pour remercier Dieu de toutes les grâces qu'il lui a accordées et pour lui demander de répandre sur notre ancien président ses bénédictions les plus abondantes.

Et, comme tout parent s'intéresse toujours aux siens, permettez-moi, Monsieur et cher ancien Président, de vous présenter la situation de votre fille cadette qui, grâce à Dieu, ne laisse pas trop à désirer.

Nous avons en ce moment 36 membres actifs, 18 membres honoraires, 87 familles visitées, un budget de plus de 3,500 fr. Nous dépensons souvent plus que nous ne pouvons et nos fins d'année se balancent toujours par un déficit.

Je sais que vous ne nous en blâmez pas trop et je termine, Monsieur et cher ancien Président, en vous priant, au nom de tous nos confrères de Saint-Maurice, d'agréer l'hommage de nos vœux bien sincères pour votre bonheur et l'expression de notre vive reconnaissance pour nous avoir appris, par vos conseils et vos exemples, à marcher dans la voie de la charité.

. .

La parole est ensuite donnée à M. Eugène Rigot, secrétaire du conseil particulier et membre de la conférence de Sainte-Marie-Madeleine, chargé du rapport historique sur la première conférence et sur la conférence de Sainte-Marie-Madeleine. Ce rapport est ainsi conçu :

MESSIEURS ET CHERS CONFRÈRES,

Depuis longtemps il nous tardait d'exprimer à notre vénéré jubilaire tous nos sentiments de gratitude. Notre cher président vient de le faire au nom de la conférence ; qu'il en soit remercié et que Dieu soit loué de nous avoir ménagé cette fête du cœur qui vivra dans nos annales.

Vous vous étonnez, mes chers Confrères, (et je m'en étonne plus que vous) que le soin de parler en votre nom m'ait été assigné. Des bouches plus éloquentes eussent exprimé nos sentiments à tous en termes plus dignes et du jubilaire et de l'assemblée ; mais, permettez-moi de le dire ici, cher et vénéré M. Chon, si la conférence n'avait que l'embarras du choix pour trouver des voix plus autorisées, elle ne pouvait faire appel à un membre qui vous fût plus respectueusement et plus profondément dévoué.

Je ne referai pas devant vous, Messieurs et chers Confrères, l'histoire de la charité à Lille depuis la fondation de la Société de Saint-Vincent de Paul. Cette histoire, sous le trop modeste nom de *Notice historique de la Société de Saint-Vincent de Paul à Lille*, a été faite, avec une autorité, un talent qu'il ne m'appartient pas de louer ici, par celui-là même dont nous fêtons aujourd'hui le jubilé. Je ne me permettrai pas davantage d'en faire une pâle analyse ; je préfère vous renvoyer à l'ouvrage lui-même : vous le lirez avec profit et plaisir et, quand vous en aurez tourné la dernière page, vous ne penserez comme moi qu'à associer dans le même sentiment de reconnaissance la Société qui nous a fait tant de bien et son historien fidèle, qui s'est si modestement, si humblement voilé dans le récit de ces exploits charitables, dont il aurait pu très justement dire avec le poëte : « Et quorum pars magna fui ! »

Mais il est temps de faire avec lui une sorte de *promenade lilloise* dans les deux paroisses de Saint-Maurice et de La Madeleine, qu'il a plus particulièrement édifiées des marques de son zèle et de sa charité. Aussi bien est-ce lui qui nous servira de guide.

Je distinguerai trois périodes dans les années que vous avez passées au service de notre Société, cher et vénéré Confrère. La première commence avec votre arrivée au sein de notre première conférence, encore presque à son début ; la seconde, à sa subdivision en trois conférences, en 1851. Vous avez alors commencé dans la conférence commune à Saint-Maurice et à La Madeleine, puis, en 1858, pour la conférence de la seule paroisse de La Madeleine, une longue et féconde présidence de trente-sept années, jusqu'en 1888, au jour où le conseil particulier consentit à décharger vos épaules d'un fardeau si lourd et que vous portiez cependant encore avec une si généreuse aisance.

La Société de Saint-Vincent de Paul était fondée à Lille depuis moins de deux ans, quand vous y fûtes admis, cher M. Chon, comme membre actif. C'était le 4 octobre 1840, peu de temps après M. le comte de Caulaincourt, qui s'était fait inscrire le 3 mai de la même année comme membre honoraire. L'honorariat n'était pourtant pas ce qui convenait à la nature vive et ardente de votre collègue, car le procès-verbal suivant mentionnait que M. le comte de Caulaincourt passait à l'activité. A partir de ce jour, nous vous voyons tous deux côte à côte, dans toutes les œuvres entreprises par la Société, d'abord simples membres, puis bientôt guides et chefs pleins d'élan, vous dépensant sans compter avec une énergie et une activité qui ne se sont jamais démenties et vous amènent tous deux, dignes émules par l'âge et par la passion du bien, jusqu'à la fête de ce jour pour la plus grande édification de tous ceux qui vous ont suivis.

Ce que fut la première conférence, je voudrais pouvoir vous le dire, mes chers Confrères. Je voudrais vous faire éprouver quelques-unes de ces douces émotions que j'ai éprouvées moi-même en feuilletant ses procès-verbaux.

Combien j'aimerais de vous arrêter à chaque page, de faire revivre à vos yeux cette époque pleine des actes de nos premiers confrères, les de Melun, les Rapy, Van der Cruyssen, de la Grandville, Arnold, Jaspar, Dehau, Joire, les frères Mourcou, les Bernard-Serret, Benoît, Billaux, Scalbert, Evrard, Henri et Gustave Bernard, Decoster, Berthelot (cet infatigable quêteur) et bien d'autres.

Vous devinez sans peine ce que pouvait être une conférence composée de tels membres. Nos confrères adoptent immédiatement l'œuvre de la visite à domicile des familles pauvres. Mais la famille ouvrière ne réclame pas seulement du pain et des paroles de consolation : alors commence la création de cette longue série d'œuvres, toutes pleines de la plus tendre sollicitude et toutes inspirées par la plus parfaite connaissance des besoins des pauvres.

A côté de l'œuvre des Savoyards et de la fondation du premier patronage, je vois tous nos confrères, partagés en commissions, s'occuper coup sur coup du petit et du grand Saint-Joseph, de l'œuvre des fourneaux, des bibliothèques, de la fondation des salles d'asile, de la protection des bohémiens, des œuvres militaires, de Saint-François-Xavier, de la création d'un vestiaire, non point d'un vestiaire qui se remplit et qui se vide par un échange trop facile de bons, mais d'un véritable vestiaire, alimenté par les meubles et les vêtements des membres eux-mêmes ; je les vois encore donner leurs soins et leur temps à l'œuvre du couchage des pauvres, au bureau de placement, au patronage des écoles et des enfants de l'hospice, prodiguer des secours aux officiers espagnols réfugiés, créer un cabinet de lecture à l'usage des membres, fonder une commission de santé et jeter les bases de l'œuvre des loyers et de la Sainte-Famille. Cet exposé, certainement incomplet, ne force-t-il pas l'admiration, quand on considère ce qu'une poignée d'hommes de zèle a pu faire en quelques années.

Les différents membres allaient aux différentes œuvres suivant leurs goûts et leurs aptitudes. Notre vénéré jubilaire assistait à presque toutes les réunions de Saint-François-Xavier qui étaient les cercles catholiques de l'époque ; il y portait l'édification d'une parole aussi chrétienne qu'intéressante. Je ne m'étonne pas si cette œuvre de Saint-François-Xavier a rendu de véritables services. Les instructions du délégué de la conférence avaient le talent d'attirer et de retenir les nombreux ouvriers qui y étaient inscrits. Il en était de même aux patronages, aux réunions militaires où, mon vénéré Confrère, vous partagiez avec M. le comte de Caulaincourt, qu'on retrouve toujours au premier rang quand il s'agit de ce qui concerne l'armée française, le soin touchant d'instruire et de distraire les soldats. Dans les écoles chrétiennes, votre action n'était ni moins utile, ni moins efficace. Le Frère Adrien était le bras droit de la conférence dans l'éducation des enfants du peuple, mais aussi combien vous lui veniez en aide, vous et vos amis les professeurs du collège, MM. Bazin et Joubert, que vous entraîniez avec vous, quand il s'agissait de stimuler le zèle des enfants par des examens fréquents et sérieusement préparés et par des récompenses justement méritées.

Ce fut ainsi que s'écoulèrent les années fécondes de l'unique conférence de Lille. M. Kolb-Bernard, cet incomparable président, dont chacune des allocutions devrait être enchâssée dans un écrin d'or, avait eu le temps de former à son école des présidents capables de le suppléer bientôt dans les trois conférences qu'on allait devoir fonder. Ce fut une grosse affaire que de diviser la conférence ; on dut recourir aux avis toujours si sages et si éclairés de M. Baudon et, le dévouement l'emportant sur l'amitié, on décida la création de trois conférences pour les trois groupes des paroisses Saint-Etienne et Saint-Sauveur, Sainte-Catherine et Saint-André, La Madeleine et Saint-Maurice. M. Ed. Lefort fut nommé président de la conférence du premier groupe ; M. de Germiny, de celle du second ; M. Chon prenait enfin la direction de la troisième. « C'était, comme le disait M. de Melun, une vie nouvelle qui s'ouvrait pour la conférence ; la Société allait entrer dans une vie plus laborieuse et, il ne fallait pas se le dissimuler, les confrères devaient s'armer de courage plus grand encore que par le passé. »

M. Kolb était en même temps nommé président du conseil particulier.

Les trois présidents, qui, à des titres divers, méritent au plus haut degré la reconnaissance de la Société de Saint-Vincent de Paul, étaient dignes à tous égards de la préférence de M. Kolb. Sans doute les charges chez nous ne sont pas des honneurs, « onus non munus » ; mais, si nos trois présidents prenaient pour eux et pour eux seuls cette charge, pleine d'imprévu, qui demandait avec beaucoup de tact un dévouement plus grand encore, nous pouvons revendiquer pour nous l'honneur de les avoir eus à notre tête ; car jamais présidents ne méritèrent mieux ces paroles que j'ai retrouvées dans nos procès-verbaux : « Doctus est, doceat nos ! pius est, oret pro nobis ! prudens est, regat nos ! »

Avec la division de l'unique conférence en trois, nous entrons dans une nouvelle période. C'est ici, mes chers Confrères de Saint-Maurice, que nous pouvons surtout vous donner le nom de frères ; car, de 1851 à 1858, nous ignorions le tien et le mien. Votre pasteur était le nôtre et notre doyen vous aimait comme il nous aimait ; nous marchions ensemble dans la même voie. C'était M. le Doyen de Saint-Maurice qui célébrait pour nous la messe d'agrégation en octobre 1851. C'était M. le Doyen de La Madeleine qui, quelques jours après, venait présider la conférence. Si le temps a changé depuis cette époque, les sentiments de nos pasteurs sont restés les mêmes. Leurs successeurs sont animés pour nous de la même affection, de la même sollicitude. M. le Doyen de Saint-Maurice continue d'entourer notre Société de sa bienveillance paternelle ; quant à vous, M. le Doyen, j'ose à peine rappeler devant vous à nos confrères tous les témoignages de bonté que vous n'avez cessé de nous prodiguer et pour lesquels nous sommes heureux de vous exprimer une fois de plus notre plus profonde gratitude.

Nous retrouvons, au début de la conférence de La Madeleine-Saint-Maurice, M. Rapy, ce vénérable confrère de la fondation, MM. Mourcou et Buisine, membres de la première conférence ; puis MM. Grandel et Debayser, admis en novembre et décembre 1851. Un peu plus tard, M. Connelly entrait à la conférence. Il a rendu tant de services à l'Eglise que je ne puis m'empêcher de le saluer au passage avec respect. C'est, en 1854 et 1855, MM. Liagre, Bourdon (dont le nom est lié au nom d'un écrivain de talent et de cœur, Mme Mathilde Bourdon), MM. Vrau père et Beaufort-Gossart ; en 1856, M. Constandt, qui vient de la conférence St-Sauveur ; en 1857, MM. Scalbert père et fils. Les archives ne possédant plus les listes des membres, il est bien évident que je passe sans le vouloir les noms de nombreux confrères, principalement de ceux qui ont appartenu ensuite à la conférence de Saint-Maurice ; qu'on veuille bien m'en excuser.

De 1851 à 1858, notre président ne laisse pas chômer le zèle de ses confrères : en 1852, on visitait déjà 101 familles ; en 1856, on atteint le chiffre prodigieux de 175.

Les recettes étaient ce qu'elles devaient être pour une conférence vraiment prospère, toujours en dessous des dépenses. A la seconde séance on était déjà en déficit de 20 fr., mais, par une merveille que je ne me charge pas d'expliquer, les ressources arrivent au moment terrible où le trésorier va déposer son bilan. On devait 20 fr. pour commencer ; deux mois après on avait une avance de 3oo fr. Le vestiaire n'avait plus rien à distribuer : on fait une visite générale dans les armoires et les greniers, et le vestiaire se remplit par enchantement. On manquait d'objets de couchage ; deux anonymes envoient : l'un pour 3oo fr. de lits, literies et paillasses, l'autre quarante-huit paillasses, une par membre, paraît-il. Les procès-verbaux ne disent pas si les confrères durent couper leur paillasse en deux ou trois parties pour leur deux ou trois familles ; mais Saint Martin les aura sans doute inspirés.

Et comme, en matière de charité, le déficit est toujours l'état le plus enviable, c'est au moment où le déficit sonne à la porte du trésorier qu'on fait le plus de dépenses. On n'a pas assez pour ses familles, et voici qu'on trouve près de 400 fr. pour les inondés du Rhône, 6o fr. pour Notre-Dame de la Garde ; on s'engage pour une pierre (et l'on sait au prix que ce sont de bonnes pierres) pour le sanctuaire de Notre-Dame de la Treille, et, comme si tout cela ne suffisait pas, on accepte une proposition insidieuse de nos confrères de Jérusalem. Ils nous envoient en consignation libre, sans warrant, sans garantie hypothécaire, une caisse pleine des souvenirs les plus précieux des Lieux Saints. Mais à une amabilité il faut répondre par une autre amabilité. Que pourrait-on bien envoyer à ces

excellents confrères ? On étale les objets, les courtiers jurés les mettent à l'encan, les vendeurs sont si habiles qu'ils recueillent, tous frais déduits, le très joli denier de 310 fr. Je vous laisse à penser si nos confrères de Jérusalem furent contents. Il resta même, la vente faite, deux lots très importants encore qu'on put offrir avec bonheur aux Doyens de nos deux paroisses.

La conférence de La Madeleine-Saint-Maurice, pas plus que son président, ne marchandait son zèle et son dévouement quand il s'agissait de venir en aide aux autres œuvres. Nous fûmes à l'honneur avec vous, cher M. Chon, le dimanche 14 novembre 1852, quand, dans l'Association lilloise, au milieu d'une réunion très nombreuse, en présence de Mgr l'Archevêque et même de M. le Préfet, vous prononçâtes un remarquable discours, nous dit le procès-verbal, à l'occasion de l'inauguration de la chapelle du patronage: C'était votre œuvre de prédilection, cette œuvre du patronage, ou plutôt elle se partageait votre cœur avec ces bons soldats, qui n'eurent pas de professeur plus instruit, cela va sans dire, ni plus aimable. Vous aviez pour eux, n'est-il pas vrai, une affection particulière ; j'en trouve plus tard une preuve bien digne d'être rappelée : c'est la fondation, en 1858, d'une conférence annexe, composée exclusivement de soldats. Il n'y a qu'un regret à exprimer, c'est que les procès-verbaux soient restés muets sur le fonctionnement de cette conférence qui devait, à coup sûr, être bien intéressante.

Grâce à vous, la conférence donnait encore son appui à l'œuvre très fortement organisée de la Sanctification du Dimanche ; elle envoyait des livres aux forçats de Cayenne.

Enfin, comme dans la Société de Saint-Vincent de Paul on sait toujours mêler l'utile à l'agréable, on proposait aux confrères qui iraient visiter Paris, à l'occasion de l'exposition générale de 1855, de se rendre au siège du conseil général, rue de Furstenberg, où ils trouveraient le plus aimable accueil et des cicerone pour les promener à l'exposition.

Un seul jour vint assombrir l'horizon de la conférence jusqu'alors sans nuages ; ce fut le 27 août 1854, quand M. Rapy annonça à la conférence que M. Chon venait d'être nommé inspecteur d'académie à Besançon. « C'est, ajoutait-il, un avancement dont la conférence doit le féliciter, mais c'est en même temps une perte pour nous ; car M. Chon est un des membres les plus actifs et les plus précieux. » Heureusement il n'en fut rien ; M. Chon nous restait pour le plus grand bien des pauvres et de la conférence.

C'est ainsi que s'écoulèrent les années de la conférence de La Madeleine-Saint-Maurice. On faisait si bon ménage, on pensait vivre longtemps encore de la même vie, quand le conseil particulier, se rendant au désir si chrétiennement inspiré de Mgr l'Archevêque, décida la création d'une conférence par paroisse et confia au zèle de M. Dumon, membre de la conférence de La Madeleine-Saint-Maurice, la charge d'organiser et de présider celle de Saint-Maurice. M. Dumon nous quitta avec plusieurs confrères, dont j'ai regretté de ne pas découvrir les noms, sauf MM. Rossignol et Templus. Ce que devint depuis la conférence Saint-Maurice, vous le savez tous, mes chers confrères ; sous la direction de MM. Dumon, Werquin, Dubois, Desplanques et actuellement de M. Hugot, elle a pris un essor qui lui fait le plus grand honneur et dont je la félicite en votre nom.

En nous quittant, elle n'oublia pas cependant sa sœur aînée et elle lui donna bientôt une preuve de sa reconnaissante affection. On était en séance, le 27 mars 1859, lorsque (je cite textuellement le procès-verbal) surviennent nos confrères de Saint-Maurice. M. Dumon les présente à la conférence : « Ce sont, dit-il, d'anciens membres de votre conférence qui ont appris chez vous à aimer le pauvre et à lui être utiles. Nous vous avons quittés, peu nombreux : aujourd'hui nous sommes vingt-sept membres. Puissent ces nouveaux enfants de Saint-Vincent de Paul marcher sur les traces de leurs devanciers ! » M. Chon remercie les membres de la conférence de Saint Maurice de l'agréable surprise qu'ils veulent bien nous causer, en venant au milieu de nous. « Ce sont, au reste, d'anciens confrères dont le souvenir nous est toujours cher, et quoique séparés, nous leur sommes toujours unis par l'affection. Dans toutes les familles, des séparations ont souvent lieu, mais l'affection unit toujours les membres, quelque éloignés qu'ils soient les uns des autres. Des confrères aussi nous ont quittés, afin de répandre de leur côté la bonne nouvelle ; nous sommes heureux de leur montrer aujourd'hui que nous leurs sommes toujours unis et toujours affectionnés. » Je m'en serais voulu, mes chers Confrères, de ne pas vous présenter, dans toute sa fraîcheur, cette page si pleine de charme de nos procès-verbaux.

Il va sans dire que la conférence de La Madeleine rendit à celle de Saint-Maurice, peu de temps après, le 19 juin, la visite qu'elle en avait reçue. La conférence l'accueillit de la manière la plus affectueuse et la plus fraternelle.

La conférence de La Madeleine, en devenant exclusivement paroissiale, pouvait croire qu'elle allait entrer dans une période de douce quiétude, quand vinrent, en 1862, les mesures prises par le gouvernement contre la Société de Saint-Vincent de Paul. La conférence se résigna à vivre d'une vie isolée et, pour ne pas attirer sur sa tête toutes les disgrâces, notre vénérable ami dut céder, bien qu'à regret, aux instances de ses confrères, et abandonner provisoirement la présidence. Mais l'orage ne tarda pas à passer ; les conférences reprirent leur vie accoutumée et, le 4 octobre 1863, notre cher président reprenait sa place, en rendant hommage au zèle avec lequel M. Rapy avait rempli les fonctions de président dans les circonstances difficiles que notre Société avait eu à traverser.

Peu de temps après le gouvernement accordait à M. Chon la distinction la plus haute qu'il pouvait ambitionner, la croix de la Légion d'Honneur. Le 14 août 1864, M. Chon présidait la conférence comme de coutume, quand on l'appelle au dehors ; il rentre quelques instants après en annonçant la distinction dont il vient d'être l'objet ; des applaudissements unanimes éclatent aussitôt, l'émotion est générale. Si le pouvoir récompensait l'intelligence, le savoir, la haute valeur morale du professeur d'histoire, nos confrères saluaient dans le nouveau chevalier, comme nous le saluons encore aujourd'hui, l'ami des pauvres, le confrère fidèle et dévoué des bons et des mauvais jours.

Le recrutement de la conférence était facile. Le charme

des réunions, les causeries fines et délicates de MM. Bourdon, Tournier, d'Aubigny, Fockedey étaient un attrait de plus pour les jeunes confrères. Nous voyons passer à la conférence MM. Virnot père, Parent, Giraud, Verbiest, Allard, Févez, Rose, et un confrère que vous me permettrez de saluer avec un respect tout particulier, M. Rigot-Stalars qui, quoique déjà malade, tient à se faire inscrire à la conférence, en venant de Sainte-Catherine ; puis encore MM. Paul Bernard, Denoyelle, de la Giclais, Dhénin, Robert Dejaghere, Clazer et bien d'autres. Notre président savait toujours donner de l'intérêt à nos réunions hebdomadaires ; mais l'intérêt redoublait quand il nous racontait ses voyages à Paris ou en Bretagne, ses visites aux conférences de Villeneuve et de Laval, ou quand il nous faisait assister par la pensée à cette assemblée générale annuelle de Marcq, que M. Verbiest présidait avec son dévouement bien connu et que M. Lefort égayait des saillies de son esprit. Dans d'autres circonstances, c'était au cœur et à la bourse de ses confrères que notre président faisait appel : au cœur, quand il s'agissait de donner ses soins aux cholériques, à la bourse, le jour où le conseil général tendait la main pour les conférences de la Seine-Inférieure, ou quand le bureau de bienfaisance nous invitait à concourir aux dépenses du monument à élever à Sœur Sophie, ou bien encore quand il s'agissait de venir en aide aux Sœurs de la Charité à Constantinople et aux Jésuites chassés d'Espagne dans le plus extrême dénûment.

Mgr Lavigerie, cet incomparable apôtre de l'Afrique, n'avait pas à Lille de conférence plus dévouée à ses œuvres que la conférence de La Madeleine. Si je ne me trompe, c'est quatre orphelins arabes que la conférence, en leur assurant l'éducation chrétienne, a arrachés à la barbarie et à l'islamisme pour les donner à Dieu par Mgr Lavigerie.

Les familles pauvres n'étaient pas oubliées au milieu de toutes ces largesses ; car on a toujours donné et donné largement à la quête dans la conférence de La Madeleine. S'il est permis de s'en tenir à des aperçus sommaires et nécessairement incomplets, c'est environ 78.000 fr. que la conférence a recueillis de ses membres actifs, depuis sa fondation en 1851, et, si nous y ajoutons toutes les ressources qui nous sont venues d'ailleurs, et notamment les offrandes de MM. les membres honoraires, que nous remercions tout particulièrement en cette circonstance, nous nous trouvons en présence de 160.000 fr. de recettes, et par conséquent de dépenses. 160.000 fr. versés dans le sein des pauvres, quelle douce et consolante pensée ! Car Dieu seul peut savoir ce qu'ils représentent de larmes essuyées, de souffrances calmées, de faim et de soif apaisées.

Dans la famille, l'enfant est le centre de toutes les préoccupations, de toutes les sollicitudes. Nous ne devons point nous étonner si notre confrère avait un soin et un amour tout particulier pour l'enfance. Nous l'avons rencontré, au début de sa carrière, entraînant ses amis dans les écoles chrétiennes ; nous le retrouvons encore aujourd'hui occupant ses loisirs à faire passer les examens des petits enfants. Mais où il a dépensé tous les trésors de son cœur, où il a multiplié et multiplié encore sans compter ses démarches et ses peines, c'est dans la préparation de notre fête de Noël, cette fête où l'Enfant-Jésus et l'enfant pauvre se rencontrent dans un commun baiser.

Le temps me presse et je ne puis m'attarder à vous présenter le gracieux tableau de cette fête de l'Arbre de Noël. Et pourtant, si j'en avais eu le loisir, combien j'eusse aimé à vous donner lecture des rapports annuels sur l'œuvre depuis 1875, c'est-à-dire depuis dix-huit ans qu'elle est fondée. Nous y aurions vu et admiré la tendresse des têtes blanches pour les têtes blondes, toutes les pieuses industries de la charité unies à toutes les délicatesses du cœur.

Nous voici arrivés au terme de notre promenade. 1840 avait vu notre confrère apporter à notre Société l'ardeur de sa jeunesse ; 1851 l'avait vu, dans la force de l'âge, prendre en mains la direction toujours délicate d'une grande conférence; voici qu'avec 1888 nous assistons au terme de cette activité de tous les instants que demande une présidence bien comprise. Des circonstances douloureuses le tenant éloigné de la conférence, notre confrère ne crut pas pouvoir conserver des fonctions qu'il lui était alors impossible de remplir. Le 10 octobre, il envoyait sa démission à M. le président du conseil particulier et terminait ainsi sa lettre : «... Très reconnaissant envers le Bon Dieu, qui m'a conservé la santé pendant si longtemps pour mon progrès spirituel, afin de servir un peu ses pauvres, je réclame la faculté de rester encore membre actif, tant que mes forces le permettront. Ce n'est donc pas un adieu, mais une demi-retraite... »

Ce que furent les regrets de la conférence, notre nouveau

président les a redits au nom de tous dans le rapport de l'année 1888.

« Le fait le plus important de l'année, disait-il, est la retraite, comme président, de M. Chon. Notre confrère avait toujours présidé la conférence de La Madeleine depuis sa fondation. Son affabilité, son exactitude à s'acquitter de toutes ses fonctions, son désir de rendre service chaque fois que l'occasion s'en présentait, en un mot, l'aimable charité dont il a toujours fait preuve, en avaient fait un président estimé et aimé de tous. Donnant un nouvel exemple de chrétienne simplicité, M. Chon, qui ne se croyait plus dans des conditions à diriger la conférence, a tenu à rester simple membre actif et à en remplir les charges. »

De son côté, M. Vrau, président du conseil particulier de Lille, adressait à M. Chon la lettre suivante :

Cher et honoré Confrère,

La nouvelle que nous a apportée votre lettre nous a profondément émus et grandement affligés. Ce n'est pas sans un déchirement de cœur qu'après une si longue période de temps (qui dépasse de beaucoup un quart de siècle), on sent se rompre des habitudes que l'on avait si heureusement contractées. S'il y a impossibilité absolue pour vous de remplir vos fonctions de président de la conférence de La Madeleine, nous nous inclinons. Mais ce n'est pas, croyez-le bien, sans le plus vif regret.

Il ne m'appartient pas, cher et digne Confrère, de louer votre zèle et votre dévouement ; mais permettez-moi au moins de vous remercier, au nom de la conférence de La Madeleine, du conseil particulier et de toutes nos conférences de Lille, des services signalés que vous avez rendus à notre Société. Le Bon Dieu saura vous accorder la récompense ; mais permettez-nous de nous unir à vous dans la prière pour vous témoigner notre reconnaissance.

Nous sommes heureux de penser que vous resterez attaché à nos œuvres et nous, de notre côté, nous conserverons de votre présidence le meilleur et le plus précieux souvenir.

Agréez, etc.

Vrau, président.

Je n'ajouterai qu'un seul mot et je termine par ce cri du cœur : *Ad multos annos* ! Oui ! *Ad multos annos*, cher M. Chon, dans la conférence de La Madeleine ? *Ad multos annos* dans la conférence du Ciel avec nous tous, plaise à Dieu, avec tous les confrères que vous avez édifiés, avec tous les pauvres que vous avez consolés et ramenés, avec Saint Vincent de Paul que vous avez servi et honoré, avec Dieu dont vous avez été le bon et fidèle serviteur.

*
* *

Le vénérable jubilaire prend à son tour la parole pour exprimer les sentiments qui débordent de son cœur.

Monsieur le Doyen,

Mes chers Confrères,

Les années m'ont rendu la parole difficile, mais heureusement elles n'ont pas réussi à me vieillir le cœur. Bien mieux, je sens comme un regain de jeunesse à cette fête de famille, grâce aux bons souvenirs qu'elle me rappelle, souvenirs si pressés que j'ai quelque embarras à m'y reconnaître. Au reste j'en dirai peu et ne soumettrai pas votre courtoise attention à beaucoup de fatigue.

Élève de l'École Normale Supérieure d'où mon camarade et ami, Pierre Olivaint, sortira un jour pour s'élever à la gloire du martyre, je n'aurais su, à peine éclairé des lueurs de la foi, marcher dans les sentiers de la Charité, si je n'eusse rencontré sur ma route, à Lille, ce pêcheur d'hommes, Édouard Lefort, et un autre Édouard, M. Gachet, mon vénérable principal du Collège, qui me prirent par la main pour m'introduire dans la Société de Saint-Vincent de Paul. C'est à eux, comme tant d'autres jeunes gens de ce temps-là, que je dois, pour un tel bienfait, une éternelle gratitude.

Je voudrais me dispenser de parler de moi dans l'intimité de cette réunion, mais, si j'y cède, à qui la faute sinon à vous, mes chers Confrères, qui avez résolu de faire de ma chétive personne l'objet de cette pieuse solennité ? Par bonheur, je trouverai dans ce qui va suivre d'autres noms que le mien qui lui serviront de passe-port ; derrière ce cortège d'élite je disparaîtrai et ce sera justice.

J'ai essayé de me remémorer mes débuts dans l'œuvre de Saint-Vincent de Paul. Il n'y avait, en 1840, qu'une Conférence pour toute la ville et, comme je demeurais près de la porte de Paris, sur la paroisse de Saint-Sauveur, la plus *riche* en misères de toutes sortes, les premières familles qui me furent confiées appartenaient à cette paroisse. Je crois qu'elles habitaient la cour du Soleil, ainsi appelée sans doute parce que ses rayons n'y pénétraient jamais.

C'est donc là que je fis mon apprentissage et il fut d'autant plus profitable qu'il était plus malaisé.

Après cela, je suivis les migrations de la Société, lorsqu'elle se divisa par quartiers jusqu'à sa répartition actuelle.

Changeant moi-même de domicile, j'abordai enfin aux rives de la Basse-Deûle et, depuis lors, je n'ai plus quitté la paroisse de La Madeleine qui sera probablement ma dernière.

Mais c'en est assez sur mon compte. Jamais occasion plus favorable ne s'est présentée de consacrer quelques instants à ceux de nos confrères qui ont travaillé avant nous et avec nous à la moisson. Ils sont nombreux ces *signati* de la tribu de Vincent de Paul ; ni le temps ni l'espace ne me permettent de les rappeler tous. Ils ont fait partie de la maison et, par conséquent, cette simple fête est également leur fête. Combien de noms sont sur mes lèvres prêts à en sortir ! Qu'il m'est dur d'être forcé de choisir parmi eux, faute de mémoire, d'abord, et ensuite par un motif de chrétienne discrétion ! Ce serait, en effet, manquer à une convenance toute délicate que de citer des noms qui nous touchent de trop près et qui sont, pour ainsi dire, vivants au milieu de nous.

Est-il nécessaire d'en dire davantage pour ramener votre pensée vers ces hommes de bien, vers ces belles familles de sang catholique, l'honneur incontestable de la Cité, qui ont laissé en héritage leur plus précieux trésor, leurs enfants, afin de perpétuer la tradition de leur incomparable générosité, de leur dévouement, de leur piété ? Vous les avez déjà reconnus.

Il en est aussi à qui nous devons un suprême souvenir, à ceux qui se sont assis auprès de moi et m'ont assisté de leurs conseils, de leur aptitude charitable, de leur expérience. En parlant d'eux, nous n'éprouvons plus le même scrupule et nous ne craignons pas d'être indiscrets ; la plupart ont quitté cette terre ou ne font plus partie de notre conférence.

Parmi ceux de nos confrères qui ont passé en laissant derrière eux le souvenir du bien qu'ils ont fait avec une touchante simplicité, il en est peu de plus sympathiques, je le crois, que M. Rapy, ce chrétien fidèle jusqu'à la fin à son Dieu, comme il avait été soldat fidèle à son roi. Rien n'est à retrancher aux lignes qui le concernent dans la *Notice historique sur la Société de Saint-Vincent de Paul, à Lille*. Nous n'avons qu'à citer :

« Certains noms ont ce privilége de rappeler aussitôt un
» aimable souvenir ; tel est celui de M. Rapy, vice-président
» de la conférence de La Madeleine. M. Rapy était un type de
» ponctualité. On faisait en vain des efforts pour le prévenir ;
» presque toujours la victoire lui restait. Cependant il avait
» une longue distance à parcourir de la rue du Pont-Neuf à la
» rue des Urbanistes. Qui ne se rappelle la haute taille de

» l'ancien Garde du Corps ? Elle était courbée par l'âge et peut-
» être même elle le gênait ; mais notre excellent confrère,
» partant de bon matin, marchant à pas comptés, s'arrangeait
» de manière à être exact, comme un vieux militaire à l'heure
» fixée par la consigne.

» L'exactitude n'était pas la seule de ses qualités ;
» M. Rapy avait une de ces natures si bienveillantes que la
» défiance leur est étrangère. Chargé, en vertu de ses fonctions,
» de la visite préalable des familles, il a vu quelquefois sa
» clairvoyance surprise, mais, croyons-nous fermement, s'il a
» ainsi péché, ce fut par excès de bonté. Dieu, qu'il servait
» avec une piété toute simple et sans bruit, a seul connu sa
» charité, car il n'en parlait pas ; ses pauvres, au contraire, en
» ont beaucoup parlé aux visiteurs qui lui ont succédé auprès
» d'eux. N'est-ce pas là un puissant témoignage devant la
» justice divine ? Répétons avec bonheur les paroles qu'une
» voix autorisée, celle du respectable doyen de La Madeleine,
» prononçait en apprenant la mort de M. Rapy : *Il y a un*
» *saint de moins sur la terre, un saint de plus dans le*
» *Ciel !*

En exemple de la véritable égalité des enfants du Père céleste, il nous est permis de montrer à présent des savants, des illustres, les Le Glay, archiviste du Nord, les Blanquart-Evrard, l'inventeur de la photographie en France, agenouillés humblement dans nos séances, priant avec nous, servant dans les pauvres le Dieu de toute science. Tels ont été les vétérans de la pacifique armée de Saint-Vincent de Paul. Chez eux la science humaine se mariait parfaitement à celle dont il est écrit : *Beatus qui intelligit super egenum et pauperem.*

Grâce à la force d'expansion qui distingue les œuvres du catholicisme, la Société de Saint-Vincent de Paul a eu des ramifications de toutes parts ; c'est ainsi que la conférence de La Madeleine compte aujourd'hui non loin d'elle un rejeton qui fleurit à Marcq, une conférence fondée par M. Jombart, soutenue, vivifiée par le zèle infatigable de son président. La place de notre ancien confrère est parmi nous aujourd'hui et ce n'est pas, non, la distance qui l'aurait effrayé, lui qui ne craint pas de faire chaque année la visite générale des familles adoptées, quel que soit leur éloignement dans cette vaste paroisse, et notez qu'il est plus âgé que celui qui vous parle. Je suis vraiment heureux de voir ici cet ami, ce compagnon des premiers jours, avec qui nous marchions depuis longtemps cœur à cœur et la main dans la main.

En dépit de précautions oratoires peut-être imprudemment prises, on me pardonnera si, faisant violence à la réserve que je me suis imposée, j'en viens à dire quelques mots affectueux aux membres de la conférence qui ont été mes contemporains à peu de chose près. C'est même un devoir pour nous de rappeler entre tous le vigilant gardien de notre vestiaire et la patience bienveillante avec laquelle il a consenti, pendant de si longues années, à se faire le distributeur des dons de la conférence en vêtements et en secours extraordinaires du même genre. N'appartient-il pas à votre ancien président, qui l'a eu si souvent à ses côtés, de lui envoyer par son fils, à propos de ce cinquantenaire, l'expression de notre sollicitude ? Dieu veuille que ses souffrances chrétiennement supportées soient pour ce *bon serviteur* une source abondante de mérites et de grâces !

C'est dans les circonstances comme celle-ci que se resserrent les liens qui unissent les membres d'une conférence de Saint-Vincent de Paul. L'affection mutuelle semble prendre des forces nouvelles quand elle est greffée, pour ainsi parler, sur une autre remontant à des temps sensiblement reculés. Ainsi je remarque devant moi des élèves, pourquoi ne pas dire des amis, que j'ai vus jadis sur les bancs des classes, et ce souvenir me rajeunit singulièrement. S'ils doivent quelque chose à leur vieux professeur, il leur doit, lui, encore davantage, car il a appris et il apprend chaque jour à leur école ce qu'il n'était pas alors en état de leur enseigner, j'entends le goût et la pratique de la charité. Il leur demande seulement de penser quelquefois à lui et aux siens dans leurs prières !

Ajouterai-je combien je regrette que la discrétion affectueuse que j'exprimais il n'y a qu'un instant m'oblige à taire ce que je pense, ce que m'inspire, envers notre cher président, une religieuse, sincère et déjà vieille sympathie ? Mais rien ne pourra m'empêcher du moins de remercier nos confrères de Saint-Maurice qui n'ont pas oublié celui qui fut quelque temps président de leur conférence, lorsqu'elle ne faisait qu'une avec celle de La Madeleine. Ils ne sont pas seulement pour nous des parents collatéraux, mais ils sont aussi de la lignée directe de cet homme admirable, que son siècle appelait simplement *M. Vincent* et que l'Eglise, ajoutant à ce nom le titre de Saint, a placé sur les autels. C'est notre commune et noble origine.

N'est-ce pas aussi une chose vraiment merveilleuse que, par la protection visible de notre patron, la Société de Saint-

Vincent de Paul, depuis sa naissance, ait mené une vie calme à l'abri des agitations publiques, dans cette espèce de recueillement silencieux qui convient à la modestie de ses œuvres ? Cette paix, cette sérénité sans prix, j'en trouvais dernièrement la frappante image dans un livre dont la lecture fait du bien : *La vie d'Edmond et de Charles Tulasne*, deux frères, membres des conférences de Paris, initiés par l'inoubliable M. Leprévost : l'aîné, savant naturaliste appartenant à l'Institut, l'autre, docteur en médecine et artiste distingué à ses heures, qui, jusqu'au lit de mort, sans jamais s'être laissé troubler des bruits du monde, furent constamment unis par le double et indissoluble nœud de l'amour fraternel et de l'amour de Dieu.

Cependant, il faut le dire, les conférences ont eu, en France, leurs jours de tristesses et d'inquiétudes, lorsque notre Société, il y a quelque trente ans, fut indignement calomniée dans la presse et auprès du gouvernement d'alors, au point d'être méchamment assimilée à une *franc-maçonnerie politique*. Son existence en parut un moment compromise. Énergiquement défendue par son conseil général qui rétablit la vérité, elle tint tête à l'orage et recouvra la paix avec la liberté. Les voix les plus éloquentes de l'Episcopat ne lui ont pas fait défaut, car un accord, une déférence filiale à l'égard du clergé a toujours été pour nous un bonheur et un devoir. L'Eglise le sait bien et elle nous traite en enfants gâtés. Notre chère conférence de La Madeleine en a eu souvent le précieux témoignage dans la présence du doyen vénéré de la paroisse à nos séances hebdomadaires, toutes les fois que nous avons eu recours à ses sages conseils et à sa paternelle autorité. Je l'en remercie aujourd'hui avec effusion, car, après avoir subi de rudes secousses, mon pauvre cœur a conservé assez de ressort pour être capable de reconnaissance.

Vous ne doutez pas de la mienne, mes bien-aimés Confrères, non plus que de la joie que je ressens d'avoir pu, à mon âge, me trouver aujourd'hui avec vous. Puissé-je un jour, si Dieu me fait miséricorde, et c'est mon dernier souhait, *novissima verba*, me retrouver encore ainsi avec vous tous à la conférence du Ciel dans la bienheureuse éternité !

*
* *

Monsieur le Doyen de la paroisse tient à joindre ses souhaits à ceux que l'assemblée a exprimés à M. Chon. Il le fait dans les termes suivants :

Messieurs,

La touchante fête qui nous réunit a été fixée, sans dessein formé, à une date dont l'à-propos me frappe.

L'Eglise, à la vérité, ne perd jamais de vue la Passion du Sauveur qui fait le centre fixe et la vie de son culte, se déroulant constamment autour de l'autel du Sacrifice. Mais, à partir du jour où nous sommes et que sa liturgie appelle Dimanche de la Passion, ce mystère de suprême miséricorde absorbe exclusivement son attention.

Or, avant d'en faire l'exposé, l'Apôtre de la Charité, à qui il est naturel que je recoure ici, débute par cette réflexion, bien digne de lui. « Après avoir aimé les siens qui étaient dans le » monde, Jésus les aima jusqu'à la fin. *In finem dilexit eos* » *(Joan., XIII, 1)*. C'est de cette parole, qui explique à elle seule tout le mystère autrement inexplicable de la vie et de la mort du Sauveur, que je prends texte pour votre édification.

En effet le Fils de Dieu nous a aimés, et de toute éternité, pour descendre de son trône de gloire, pour franchir l'infini, pour venir épouser notre nature infirme et grossière.

Il nous a aimés pendant sa vie, pour naître dans l'humiliation et la pauvreté, pour subir la persécution dès sa venue, pour se complaire dans l'obscurité, les privations, la dépendance et le travail, pour se fatiguer à la recherche des brebis perdues, pour supporter l'aveuglement du peuple, les embûches des pharisiens, l'étroitesse d'esprit et de cœur de ses disciples, l'ingratitude et l'opposition de tous.

Oui ! mais ce qui met le comble à son amour, c'est qu'il nous a aimés jusqu'à la fin, ne se rebutant point de nos rebuts, persévérant dans ses efforts méconnus, acceptant sa passion et sa mort pour sauver des ingrats. *In finem dilexit.*

Que dis-je ? L'homme ne pouvait rien entrevoir au-delà ; à ses yeux, il n'y a pas de plus grande charité qu'à donner sa vie pour ceux qu'on aime. *(Joan., XV, 13)*. Mais un Dieu est capable de pousser plus loin encore et Jésus-Christ n'y a pas manqué.

Après s'être livré, victime sanglante d'expiation, aux bras des bourreaux, il continue toujours à s'offrir entre nos mains, en état de mort, victime d'amour sur nos autels ; et rien ne nous marque plus sensiblement la force et l'étendue de sa charité que cette persévérance infatigable qui, pour nous atteindre tous, en perpétue les effets jusqu'à la fin des temps. *In finem dilexit eos.*

Messieurs, Notre-Seigneur, en cela, se propose autre chose encore que de remplir nos cœurs d'une sainte joie, et de les provoquer à l'aimer en retour. Il fait, de cet amour, le fondement et le motif, il en fait le modèle et la règle de l'amour qu'il nous commande de porter aux hommes nos frères.

Je ne lui prête pas cette intention, il l'énonce lui-même formellement. « Je vous donne un commandement nouveau ; » c'est que vous vous aimiez les uns les autres, et que vous » vous aimiez comme je vous ai aimés. *Ut diligatis invicem;* » *sicut dilexi vos, ut et vos diligatis invicem.* » (*Joan XIII, 34*).

C'est de ce précepte et de cette leçon que s'inspire la Société de Saint-Vincent de Paul, Messieurs, et spécialement (tout ce que nous venons d'entendre l'atteste bien haut), vos deux conférences de La Madeleine et de Saint-Maurice. Les sentiments chrétiens que vous saluez dans son vénérable jubilaire, vous les partagez ; le dévouement constant auquel vous rendez hommage en sa personne, vous aspirez à l'imiter.

Vous aimez vos frères pour l'amour de Notre-Seigneur qui vous l'ordonne ; vous les aimez pratiquement, vous voulez les aimer persévéramment, comme a fait Notre-Seigneur. Je n'ai qu'à vous encourager à le faire de mieux en mieux et sans vous lasser jamais.

Avant tout donc, Messieurs, divinisez votre amour pour votre prochain ; élevez-le à la hauteur de celui de Dieu pour les enfants qu'il s'est donnés et en qui il veut vivre éternellement, à la hauteur de celui de l'Homme-Dieu pour les frères qu'il a préférés à sa vie même, sacrifiée pour eux. Aimez vos frères, parce que Dieu, l'objet parfait de votre amour l'ordonne ainsi, parce que vous ne sauriez l'aimer véritablement lui-même sans aimer, pour lui, ce qui lui est incomparablement cher. Aimez-les avec une joie reconnaissante pour le choix que Dieu a daigné faire de vous comme instruments de ses bienfaits et représentants de sa paternelle bonté auprès du pauvre et du malheureux. Aimez-les pour leur faire parvenir leur part des dons que leur destine sa Providence, mais plus encore pour leur faire parvenir le don qui éclipse tous les autres, le don de Dieu lui-même, s'offrant à tous et surtout aux âmes baptisées comme leur unique trésor. Aimez-les enfin, pour tout dire à la fois, de cet amour dont Jésus est venu allumer le feu sur la terre et qui se communique, de son cœur, à tous les cœurs qui s'approchent de ce foyer brûlant.

Le Fils de Dieu ne s'est pas borné à compatir à nos maux du haut du ciel ; il a abaissé les cieux et il est descendu. *Inclinavit cœlos et descendit.* Il a pris un cœur miséricordieux et il est venu nous visiter au fond de l'abîme de notre misère. *Per viscera misericordiae Dei nostri in quibus visitavit nos.* Pour nous alléger le fardeau de nos faiblesses et de nos douleurs, il l'a pris sur lui. *Vere languores nostros ipse tulit.*

Ainsi votre charité ne saurait-elle se confiner dans votre

cœur à l'état de sentiment affectueux mais stérile. C'est une vertu pratique qui doit reluire dans vos actes, une vertu expansive qui doit vous porter au devant des misères à soulager. « Si, voyant votre frère dans l'indigence ou dans la » nudité, dit saint Jacques, vous vous bornez à émettre des » vœux pour la satisfaction de ses besoins sans y subvenir, de » quoi cela servira-t-il » et à lui et à vous ? *(Jacob., II, 16)*. » La religion pure et immaculée aux yeux de Dieu notre Père, » c'est de visiter les malheureux dans leur misère, tout en » se gardant des souillures de ce siècle. » Le maître de la charité n'a-t-il pas dit : « Que celui qui a deux vêtements en » donne un à celui qui en manque et de même pour la » nourriture ? » *(Luc., III, 11)*. Ses récompenses sont promises non pas aux sentiments sans effet, mais aux actes de la charité bienfaisante. « J'ai eu faim et soif, j'ai été nu et » délaissé, et vous m'avez rassasié et vêtu, vous m'avez visité » et soulagé. Ce que vous avez fait au moindre des miens, » c'est à moi que vous l'avez fait. »

Messieurs, c'est bien l'esprit propre de votre Société de vous mettre à l'œuvre, de vous enrôler pour l'action, de vous unir pour entretenir et stimuler votre dévouement, de vous rapprocher du pauvre, de vous envoyer à sa recherche jusqu'en sa triste demeure, de mettre votre main dans sa main, d'ajouter à l'aumône de vos secours l'aumône plus précieuse de vos démarches, l'offre de vos conseils et de votre affectueux intérêt, pour porter ainsi, avec la nourriture qui périt, selon l'expression évangélique, celle qui reste pour la vie éternelle.

Saint Vincent de Paul, dont vous vous proposez l'exemple, a été, par ses incessants travaux, par les formes multiples de son actif dévouement, la Providence visible des malheureux à son époque, et la nôtre bénéficie encore des fruits de sa générosité.

Votre charité sera donc effective, malgré les efforts à vous imposer, et pourtant, parce qu'elle est surnaturelle et divine, elle sera persévérante comme celle de Notre-Seigneur.

Aucun sacrifice ne lui a semblé superflu ou excessif ; aucune difficulté ne l'a arrêtée, aucun insuccès ne l'a attiédie ; malgré nos négligences et nos froideurs, malgré nos ingratitudes et nos trahisons, il persévère à nous aimer, à travers ces dix-neuf siècles remplis de ses bienfaits et de nos infidélités, et il persévérera jusqu'à la fin des temps.

Messieurs, si votre amour du pauvre était purement humain s'il n'était que cette inclination naturelle à tout être vivant pour son semblable *(Omne animal diligit simile sibi. Eccl., XIII, 19)*, que le sage a toujours constatée, il se fatiguerait bientôt, il faiblirait vite devant les difficultés à surmonter, devant les sacrifices à faire, devant l'assujétissement à s'imposer, devant l'échec apparent de vos tentatives, devant les résistances ou les exigences de vos protégés, devant le soin de votre propre famille et de vos affaires personnelles, enfin devant les mille réclamations de cet égoïsme qui nous est, hélas, ! aussi naturel que l'amour les uns des autres, et plus immédiatement avantageux.

Mais non, il est issu de la volonté du Seigneur, qui se glorifie de ne point varier. *Ego Dominus et non mutor.* Il se modèle sur celui de Jésus et s'en alimente ; dès lors il participera de sa constance, il ne se découragera point devant les difficultés qui en accroissent la valeur, il ne faiblira point par l'effet du temps qui en accumule les mérites, il ira s'allumant toujours davantage, comme vous l'avez constaté et admiré en celui que vous remerciez Dieu aujourd'hui de vous avoir si longtemps donné pour guide.

Il m'a semblé que sa modestie m'interdisait, à moi, l'éloge direct réservé à ses confrères. Ils le lui ont d'ailleurs si délicatement décerné dans les petits chefs-d'œuvre entendus jusqu'ici, qu'ils ont découragé toute répétition. Mais quand j'esquissais rapidement les dispositions et les devoirs des membres de la Société de Saint-Vincent de Paul, ni lui ni moi ne pouvions vous empêcher, Messieurs, de lui faire de mes paroles, une application qui s'imposait, de rendre témoignage à la vérité, en vous disant que ce qui vous était rappelé dans un langage trop pâle, vous l'aviez vu pratiquer sous vos yeux, avec la simplicité et la constance du vrai dévouement, pendant plus d'un demi-siècle.

L'esprit dont vous êtes animés et qu'atteste dans tous ses détails cette fête de famille, cet esprit religieux que votre cher et vénéré président ne peut refuser de vous reconnaître, montre assez celui dont il s'inspire lui-même et dont il vous a pénétrés.

Oui, il bat sous l'impulsion de l'amour de Dieu, ce cœur au contact duquel tant de cœurs chrétiens se sont allumés de l'amour de leurs frères et se sont réchauffés aux époques de refroidissement qu'on nous a rappelées.

Oui, il aime les pauvres d'un amour effectif et pratique,

celui qui, tout en remplissant une carrière laborieuse, acceptait la sollicitude de tant de familles et le soin de tant d'autres, qui s'employait à tout ce qui les regarde, qui visitait tous vos pauvres en personne, qui veillait sans cesse à entretenir le dévouement, à assurer l'exactitude de chacun de vous.

Oui, il aime les pauvres constamment celui qui s'était si tôt adonné à leur soulagement que, tout jeune encore, vous le trouviez expert en l'exercice de la charité, et vous le mettiez à votre tête comme un guide sûr, celui que la surcharge d'une vie toujours sérieusement occupée, que les tribulations d'une vie souvent douloureusement éprouvée n'ont jamais fait renoncer aux travaux de votre chère Société, celui qui, après plus d'un demi-siècle de dévouement, consacre encore sa vieillesse à la charité et qui reste le modèle sur lequel vous vous réglez.

Puissent vos vœux fraternels et reconnaissants, ceux des pauvres soulagés et consolés, montant de concert jusqu'au trône du Dieu qui est Charité, en redescendre en bénédictions sur celui que vous vénérez comme un père, contribuer à vous conserver longtemps son précieux concours et à embellir enfin la couronne réservée à ses mérites persévérants.

La quête et la prière terminent la séance qui laissera dans tous les cœurs un ineffaçable souvenir.

IMPRIMERIE LEFEBVRE-DUCROCQ, LILLE.

www.ingramcontent.com/pod-product-compliance
Lightning Source LLC
LaVergne TN
LVHW021711080426
835510LV00011B/1720